まず、児童や生徒は露骨に先生に向かって文句を言うことは少ないのですが、わが子は遠慮なく、辛らつにママに文句を言います。

また、ママ先生も児童や生徒にはどんな言い方で叱るのか、指導をするのかを考えます。でも、わが子には自分の感情がむき出しになります。

さらに、保護者には「早く、早く、と急がせずに子どもを待ってあげましょう」とか、「子どもの話は最後まで聞いてあげましょう」と言いますよね。

なのにわが子には「早くしなさい」が口ぐせだったり、子どもの話を最後まで聞く心と時間の余裕がなかったり……先生の立場とわが子の子育ての現実とのギャップがママ先生の子育てを一層ツラくします。

あなたは両方の目線を持ったので最強ママ先生になりました

ママ先生は超多忙ですから、先生として保護者に言っていることが、ママとしてわが子にはちっともできていないということが大アリです。つまり、ママとしては保護者のママもママ先生も同じ立場と言えます。

あなたは、子育てをすることで教育者としての目線だけではなく、ママとしての立ち位置で子どもを捉える目線も持てるようになりました。それはママ先生の強みと言えます。

教育と子育ては似て非なるもの。教育も子育ても人を育てるということでは同じです。でも、子育ては子どもを甘えさせる必要があったり、正論では愛情が伝わらなかったり、ママを取り合うきょうだいゲンカがあったり……。

「わが子はママの問題集」で、日々新たなお題を出してくれます。

先生としては上手く仕事ができたとしても、子育ては上手くいかないことがよくあります。有名な映画のキマリ文句ではありませんが「ママ先生はツライのよ〜」です。

人には一人ひとつずつ心の中にココロ貯金箱があります。ママの愛情が「話を聞く」「からだにふれる」「認める」など具体的に伝わると、わが子のココロに貯金がたまります。それは、わが子のやる気と自信の大元である自己肯定感を高めることにつながります。さらに、ママ先生自身にもココロ貯金をためることで、自然に、わが子へやさしくできるようになります。本書が、がんばるママ先生の子育てを応援できたら幸いです。

元小学校教諭、教育委員会勤務
一般社団法人子育て心理学協会代表理事　東ちひろ

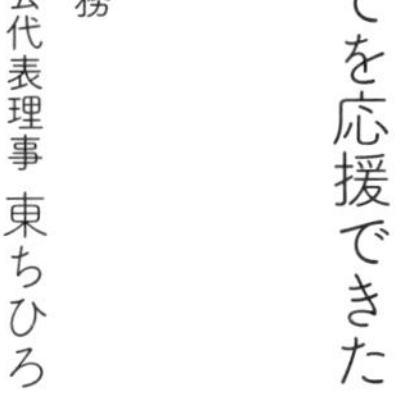

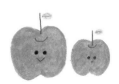

もくじ

STUDY!

section3

ママ先生は子育てに失敗しない？

section4 わが子は「先生の子どもだから」？

section1

絶対的に時間がないのです！

小学校教諭
4歳女子のママ

case その1

学校の先生は
仕事を家に持ち帰る
ことができないんです

ここまでやれば終わりということがないエンドレスな仕事

最近、個人情報が漏れる事件が立て続けに起こり、大きなニュースにもなってから、仕事を家に持ち帰ることができなくなりました。とくに、仕事の中でも大切なテストの採点や、生徒の評価をつけることも、学校以外ではできません。児童や生徒の大切な情報を漏らしてはいけない、そんなことはわかっているんです。でも！　学校だけで終わらない量の仕事を抱え、学校の中だけでなんとかやるのはほんとうに大変！

さらに追い打ちをかけるように、英語教育、プログラミング教育などが始まってやることは増える一方。新しいカリキュラムは、わたしたち教師も勉強しなくてはいけないことが目白押しです。

そのうえ、生徒たちの家庭環境も複雑になっていて、学校だけのことではなく、家族とのふれあいや過ごし方にも注意をはらわなくてはなりません。

保護者からも、生活のことや勉強などについての要望も増えているので、一人ひとりの生徒と向き合うには、それなりの時間が必要です。それとは別に机の上には山積みの仕事が……まったくもって時間がありません。

夜遅くまで仕事をするか朝早くから仕事をするか

結局、自宅に仕事を持ち帰れないので、夜遅くまで学校で仕事をするか、朝早く学校に行って仕事をしています。

でも、それをやるには夫や親、姑などに手伝ってもらわなければなりません。残業や朝早くから仕事に出かける分、家事や子育てを手伝ってもらうためにお願いするのにも気を使います。

そうやってがんばっても、学校では、次から次へ問題が発生します。どこまでもやることがあり毎日エンドレス。ふと気がつくとわが子の保育園のお迎え時間を忘れて、仕事に没頭なんてこともしばしば。

4歳の娘には「ふれあいが大切だ」とわかってはいるのに、それができない自分が情けないやら悲しいやら。こんな毎日で、どうやったら時間を作れるのでしょうか？

職員室
ママ先生早いですね
職員室
お先に失礼しますー
PC

教えてちひろ先生!

旦那さんやお姑さんなど
もっと家族の手を借りてください。
家族とのコミュニケーションがポイントです

ママ先生も人間ですから、子どもや家族のためにだけ生きていたら疲れてしまいます。まずは自分のために、時間を作ることを考えましょう。

子どもにとっても、ママが側にいてくれたところで仏頂面をしていたり、イライラしていたりするのではたまらないです。疲れている時は、ママ以外の人と過ごして、リフレッシュするのもいいですね。

まずは、もっともっとパートナーの協力を得ることです。仕事のスケジュールを旦那さんやお姑さんと共有してみましょう。

お願いしづらいかもしれませんが、あなたがやりたい仕事と向かい合うために、かわいいわが子の心のケアをするために、ここはもうまわりの人たちの手を借りるしかありません!

ヒケツは、お願いのしかたを間違えないこと。

「わたしが大変なんだから、あなたも手伝うのがあたりまえ!」または「なんでやってくれないの!」と、こんな言い方になってしまうと、誰でも手を貸したくありませんよね。

上手くいくヒント①

家族に助けを求める3つのお願いのしかた

家族だからこそ、素直になったほうがいいし、礼をもってお願いすることはとても大事なことです。

ポイントは「助けてほしいと素直に」「内容を具体的に」「感謝の気持ちをちゃんと伝える」です。

旦那さんなら少し、持ち上げるようにお願いするのも手ですよね。

「お風呂に入れるのはやっぱりパパだよね! お風呂で遊んでくれるのを

楽しみにしているよ」など。**旦那さんの良いところをほめましょう。**

そして、まるで5歳児にお手伝いを頼むように、「**何をどのようにやるのかを具体的にお願いする**」ことです。ざっくりなままお願いをすると、「こうやってほしかったのに」「ちゃんとできていない」と、あとでケンカになることのなんと多いことか。自分がやってほしい内容は細かく伝えましょう。

同じように、お姑さんとも上手く心を通わせましょう。子どもを連れて買い物に行ってもらい、「さすがお母さん！ 娘がよろこんでいました」など、子どもを共通の話題にして話すといいですよ。それから、**お姑さんの話をきちんと聞くこともコミュニケーションを築くのに重要**です。

上手くいくヒント ②

スケジュール帳に家族別のタスクを作って みんなの予定を『見える化』しよう

時間を作るには、時間の整理整頓をすることも有効的です。

週末の空いている時間に、家族全員のスケジュールリストを作りましょう。

家族をタスク別にして、学校と家でやるべきことを色分けするとわかりやす

教えてちひろ先生！

いですよ。ふせんなどの小物を使って具体的に明記するのもおすすめです。
これなら空いている時間が見えますし、誰がいつ何をするのかもひと目で
わかるので家族の時間を把握でき、旦那さんにもお願いしやすくなります。

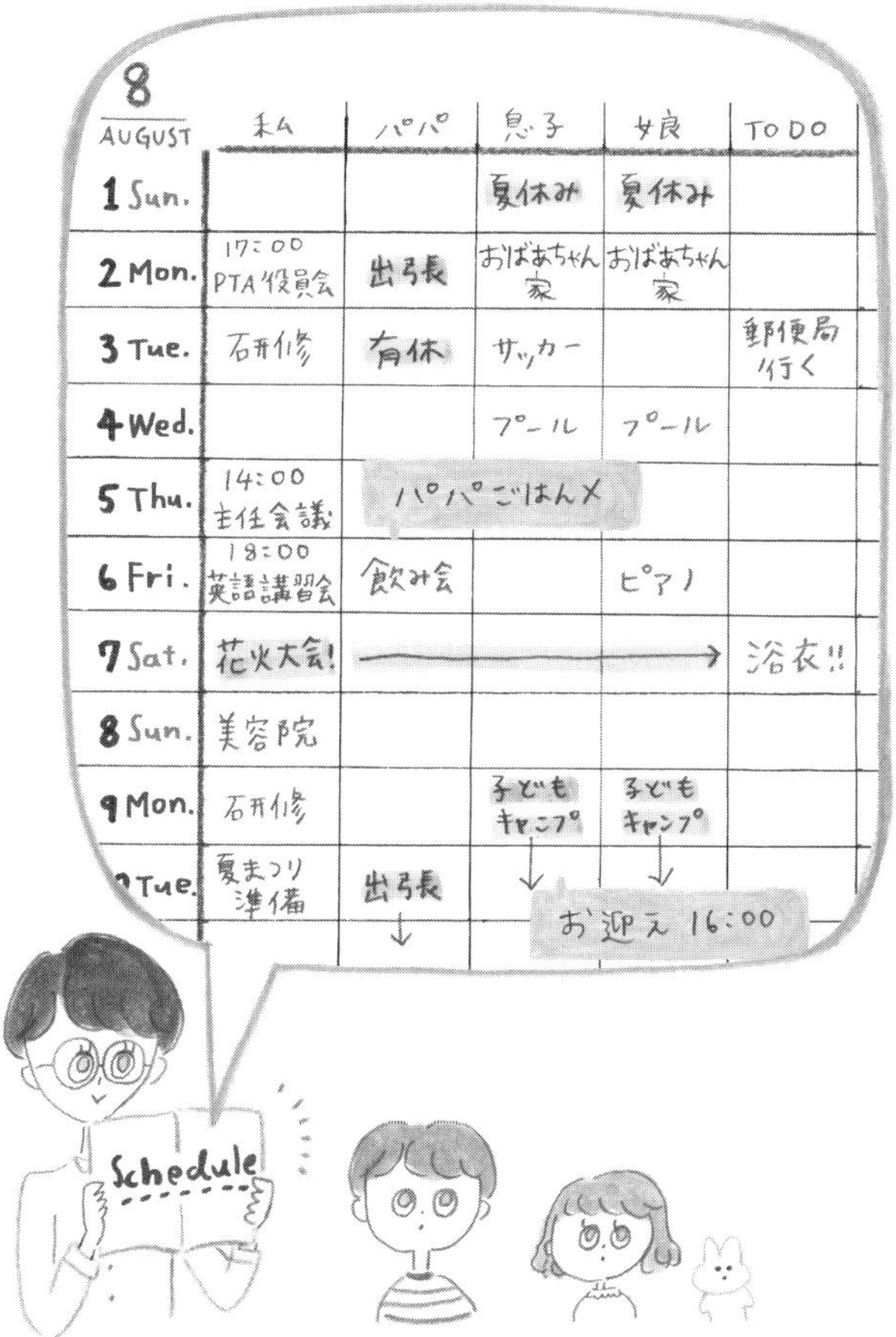

中学校教諭
0歳男子のママ

case その2

時間が足りなくて仕事と子育ての両立ができなくてキビシ〜イ！

仕事でも子育てでも
やることが山積みでアワアワ

妊娠がわかった時はすごく嬉しくて、仕事も子育ても完ぺきにがんばろう！　って思いました（笑）。わたしは中学校、夫は高校と、双方とも教師をしているのでほんとうに忙しかったのですが、やっとできた子どもだったのでどうしても両立したかったんです。

子供が通う保育園のお迎えは午後6時まで。中学校や高校での仕事終わりは、普通でも6時は過ぎるので、7時まで延長してもらいました。

ところが、中間や期末テストの時期になると、夫もわたしも寝ずに作業となってしまい、夜、子どもにまともな食事を食べさせられず、お菓子だけを与えてしまったり、発熱しても病院に連れて行かれないこともあります。

肌着やタオルの洗濯物もたまっていきます。紙おむつも買い置きし忘れて、夜、夫がドラッグストアを探し回ったこともあります。部屋の隅っこを見るとホコリがたまっていたり……乳児がいるのにこれはマズいと深夜に掃除機をかけてお隣さんから叱られてしまいました。

あと1時間、あと2時間あれば、なんとか仕事も終えられるのに～と思ってしまいます。時間が足りないことで仕事でも子育てでも、やらなくちゃいけないことが山積みになってきて、毎日あせっています。

近頃は、夫がわたしの帰りが遅くなるとイラつき、口ゲンカが増えてます。もちろんベビーシッターなど子育てサポートも考えたのですが、そこを頼るのは母親としてあまり好ましくないように思えて……。

教師は、仕事と子育ての両立をすることがむずかしいのでしょうか。

教えてちひろ先生!

家族以外の手も借りてください。夫婦ふたりの子育てスタイルを新しく見つけましょう

先生業は膨大な時間を使います。しかも「これで終わり」という感覚もない仕事がどこまでも続きます。また、先生の仕事は人のために役立つ仕事なので、「人の役に立つ、いいこと」をしていると思うと、手を抜けない勤務になってしまいます。

子育てで一番手がかかるのは、産後直後からおむつが外れる3歳過ぎまで。この時期の仕事と子育ての両立はほんとうに厳しく、産後のママのからだと心に大きな負担がかかります。そこへ完ぺきにしなくちゃという責任感が加わると、オーバーワークを継続的に行うことになります。

他人の手を借りたくない気持ちはわかりますが、長期的にママ先生を続けていくためには大事なことがあります。あなたの考えを前向きに変えていくことです。そして、ひとりでも多くの子育てサポーターを確保すること。

サポーターはお姑さんだけではありません。区市町村や民間のファミリーサポートなどの外部支援も積極的に探してみましょう。

「自分の意に反する」と決めつけないで。子育ても仕事も前進するには、柔軟にいきましょう。

上手くいくヒント③

ふたりの子育てスタイルを見つけよう

子どもは教科書どおりには育ちません。そしてママ業は、いままでの知識では、対応できないこともあります。「こうじゃなくちゃダメ」という考えを変え、夫婦のライフスタイルに合うような子育て法を考え始めませんか。

先生という仕事もそうですが、子育ても、いまある問題を乗り越えるために、柔軟な思考を持たなければならないことがあります。

教えてちひろ先生!

上手くいくヒント④

ママ友・パパ友と情報を交換して子育てスタイルを柔軟に変えよう

これから保育園や小学校で、異業種の友だちも増えていくでしょう。ママ友やパパ友も同じような悩みを抱え、それを乗り越えるアイデアを試行錯誤しているかもしれません。同じ悩みを持つ友だちがいるとわかるだけでも安心しますし、こちらから気さくに声をかけて情報や知識を教えてもらうと、とっても勉強になりますよ。

ファミリー
サポーターです

幼稚園教諭
小1男子・4歳女子のママ

case その3

朝一番から
延長保育の最終組！
口ぐせは「早く～早く～」で
イライラもつのります

時間がないのでどうしても子どもができないことを先回りしてやってしまう

毎日の先生業に追われ、保育園では朝一番に預け、帰りは延長保育の最終組。そのためか、朝の支度から、「早くしなさい」が口ぐせになっています。

教育的には、子どもが小さいうちから、自分でできることは失敗をしても自分でやるように促すほうがいいんです。ところが、朝はとくに時間がないので、子どもがぐずぐずしていてパパッとできないと、「あーもう早く早く！」とイライラして手が出てしまいます。

家に帰ってからは、食事の支度をしてそれを食べさせて、あと片づけをしてお風呂に入れ、歯みがきしなさい、明日の準備はできたの？　とあおり、その都度「早くしなさ〜い」が出てしまいます。

そんな毎日のくりかえしで、子どもとゆっくり話をする時間もありません。今日あったことや覚えたこと、気になっていることや友だちとの会話など、ほんとうは聞いてあげなくちゃいけないことを、何ひとつ聞けないままに一日が終了してしまいます。

先生でありながら、保育園児のわが子の感情や状態の変化にも気づけないことが多く、一方的な関わりになっているのではないかと思い悩んでしまいます。

とくに最近、年長の子どもがわたしの話をあまり聞いていないように見えるんです。というか、話を流して聞いているような……ママにはどうせちゃんと話を聞いてもらえないと、あきらめているからかもしれません。そういう態度にもまたイライラ。原因はわたしにあるのはわかっているのですが。ジュースをこぼしたり、手洗いを忘れたりするだけでも、イラっとして子どもに「なんでそんなことになるの！」と言い放ってしまうんです。

ママとしての理想からどんどんかけ離れてしまいそう

そんな不安定な気持ちでも、園での仕事はきちんとやらなくてはいけません。自分の子どもとの時間がなくても、園の子どもたちとはじっくり話す時間をとらなくてはいけないのです。そんな状況で、わたしのストレスはつのっていきます。

疲れて家に帰ると、やっぱり「早く早く～」と子どもをせかすばかり。家庭ってこんなにも忙しいものだったっけ？　わたしにも子どもにもくつろぎの場ではなくなっているかもしれない……。

先生という仕事に誇りを持ち子どもたちを導きたいという夢、結婚したときに思い描いた生活、パートナーとの楽しい子育て、子どもの笑い声とゆっくり過ごすあたたかな家庭。それを目指してがんばり続けているはずなのに、鏡の中のわたしはイライラ星人です。

このままでは理想からどんどん遠のいてしまいそうです。どうしたらイライラせずに子どもと向き合えるようになるのでしょう。

教えてちひろ先生!

イライラして家族にあたってしまうとサポートも得られません。心にゆとりを持つにはひとりの時間を作ること

まずは、イライラを解消するお手軽な方法をお教えしましょう。

上手くいくヒント⑤

ほんの少しでも、ひとりになる時間を作ろう

美容院やマッサージ、ひとりの買い物でもいいですね。本が好きなら学校の図書館で本を借りて、子どもが起きる前に15分でも読んでみましょう。**これらをすべてひとりでやることがポイント!** ひとりの時間を過ごすことで心も頭も整理されていきます。

上手くいくヒント⑥

自分のがんばりを認めてごほうびを買おう

それから、うそだと思うかもしれませんが、自分へのごほうびもイライラ解消に効果があるんですよ。

イライラには「わたしはこんなにがんばっているのに、なんで思いどおりにいかないの」という気持ちが少なからず入っています。あなたのそのがんばっている気持ちを受け止めて、自分を認めると、気持ちが前へ向き始めるんです。

高額なものを買わなくてもいいんです。五百円のものでも千円のものでもオーケー。**ねらいは、自分を「ほめること」**ですから。

お化粧品やアクセサリーを変えたり、スカーフや髪留めをきれいなものにしてみたりするなど、ちょっとしたことで気持ちがはずむものです。気分転換ができると不思議と気持ちが前向きになっていきます。

上手くいくヒント⑦

わたしはえらい！　と自分をほめて『自己肯定感』を高めよう

イライラがたまっていくと、「ダメな母」「先生として良くない」なんて後ろむきの気持ちがむくむくと膨らんでいきます。そうなってくると、仕事も家庭も上手くいかなくなってきます。

そうならないためには『自己肯定感』をあげることです。

『自己肯定感』が高まると、マイナスの気持ちが減っていき、さまざまな問題が起きても、「わたしは大丈夫」「よし、こうしよう！」と力も湧いて知恵も回ってきます。

『自己肯定感』を高めるには、自分をほめてあげることです。

ママの「ココロ貯金」をためましょう！

「わたしはえらい！」「先生とママの両方ができるなんて、ほんとうにすごい」「ママ先生でほんとによかった」「息子と娘、家族4人が健康でとってもしあわせ」とできれば声に出して言ってみましょう。

教えてちひろ先生!

ココロ貯金ってなあに?

人は誰でもココロに貯金箱を持っています。
ココロ貯金には、「ママからの愛情」がたまっていきます。

ココロ貯金がたまるステップ

step 1
話を聞く
からだにふれる
認める

step 2
ココロの貯金箱に
「ママからの愛情」が
たまっていく

step 3
『自己肯定感』が
高まる!

step 4
やる気と自信が
引き出される!

be careful

ママの愛情が感じられない行動
【ガミガミ・クドクド・ネチネチと言う、叩く、無視する】で
ココロ貯金がもれていきます。

ココロ貯金をためる方法!

① 話を聞く!
あいづちを・うなずきをオーバーリアクションする。

② からだにふれる!
ハグ、添い寝、ハイタッチをする。

③ 認める!
目に見えたことを言葉で伝える。

小学校教諭
小2男子のママ

case その4

わが子の勉強は気になるけど
時間がなくて
人まかせになってしまう

いつも忙しいので わが子の勉強を見てあげられない

小学校2年生の息子がいますが、勉強があまり好きではないのか、テストの点も良いとは言えません。わたしの親は「先生なんだから、あなたが見ればいいじゃない」と言うのですが、なぜか冷静に教えることができません。もとより、時間がありません。子どもが家に帰ってくる時間帯に家にいることはできませんから、結局、誰かに勉強を見てもらうしかないんです。

そのまま放っておいたら、「勉強がわからない」状態に。これにはあせりました。

たまに、夫に愚痴るようになり、「できないのはあなたに似たんじゃないの?」なんて意地悪を言って、夫婦ゲンカのきっかけになったりします。

学校では、できない子に根気強く教えることができている先生だと思うのですが、わが子にはそれができないなんて……恥ずかしくなります。

塾や家庭教師に頼ってしまうのは良くないこと？

それでも成績のことを考えて、塾に通わせることにしました。そのほうがきちんと教えてもらえて、子どもにとっても良いのでは、と思ったからです。

ところがある日、息子から、友だちのお母さんに「ママが先生なのに、塾に行っているのね」と言われたと聞き、心にグサッときました。わが子を教えられない先生なんて……端から見たらその反応は普通ですよね。

たまに時間が空いた時に、息子に「勉強見てあげようか」と言うと、「いいよ、塾で教えてもらうから」とさらっと言われてしまい、ちょっとプライドも傷つきました。

勉強を教えるプロが、わが子の勉強を人任せにするなんて、良くありませんよね。これから高学年になり、中学高校と進んでいく中で勉強も心配ですし、親子の間も少しずつ離れてしまいそうで不安になります。とはいえ、時間はまったくありません。ほんとうにジレンマを感じます。

成績を上げるには
テストの点数よりも
わが子の『自己肯定感』を高めよう

ママ先生はわが子に愛情を持っていても、物理的に時間がなくて勉強を見てあげられないのはしかたのないことです。塾や家庭教師に見てもらうことで子どもが伸びるのであれば、それで良いと思いましょう。親子の間にあるのは勉強だけではありませんし、母親業は家庭教師ではありませんから。

それから、勉強を見るよりももっと大切なことがあります。それは、自分で机に向かう気持ちを作ることです。

低学年のうちは、テストの点数を気にするのではなく、自分から机に向かって勉強をする姿勢を育むのがとても大事だと思うんです。

上手くいくヒント⑧

テストの点を上げるよりも先にやる気の大元でもある『自己肯定感』を育もう

「子どもが自ら勉強するなんて信じられない」と思うかもしれませんが、子どものやる気や自信を引き出すことができれば、実現可能です！

その力を引き出すために親としてできるのが『自己肯定感』を育むこと。『自己肯定感』とは、やる気の大元で自立のタネとなるものです。

じつは、叱られてばかりいると、自己肯定感が育まれにくくなります。「どうせ、ぼくなんて何もできないんだ」とか「叱られるとこわくて、何も手につかない」となると、思考も停止してしまいます。

では、どうやったら自己肯定感は育まれるのでしょうか。**自己肯定感を高める言葉かけのテクニック**を次にお教えしましょう。

上手くいくヒント⑨

目に見えていることやちょっとした変化を言葉にして話そう

子どもを見て、目に見えることや、ちょっとした変化を口にすることで「あなたをよく見ているよ」というメッセージになるんです。**子どもはママが見ていてくれると思うだけで、信頼を寄せていきます**よね。

ママ先生にはとくに注意してもらいたいのですが、あまりにも忙しすぎると、子どもがどんな表情で何をしていたのかよく覚えていないことがあります。じつはこのようなことが子どもを不安にさせてしまうんです。不安やさみしさは、やる気も前向きな気持ちも生みません。

上手くいくヒント⑩

あたりまえのことをほめよう

あなたは、どういう時に子どもをほめますか？　良いことをした時？　テストで良い点がとれた時？

おすすめしたいのは、なんでもない、あたりまえのことをしている時。

「よく寝たみたいだね」「今日は、ピンクの服にしたんだね」「かばん重そうだね」と目に見えたことをそのまま言葉にして伝えることが子どもを「認める」ことになります。「上手」「早い」「きれい」という評価に関係なく、自分を認められると、自信を持つことができます。

上手くいくヒント ⑪

目に見えたことを「その場で」「具体的に」実況中継しよう

「おっ！　手を洗ったね」「おしっこ行った？」「いっぱい遊んだね」と、**目に見えたことを実況中継してみましょう。「その場で」「具体的」に言うのが効果大です。**

子どもを評価している言葉ではなく、ただ目に見えたことを言葉にしているだけですが、じつは、子どものコトをよく見ていないとできないことなのです。そして、この単純な声かけで、「あなたに関心を寄せている」「忘れてはいない」と伝えることができるのです。

こんなふうに子どもを認めることで、ココロ貯金がたまっていき、**子ど**

もの自己肯定感は、ママの「承認」テクニックでぐんぐんと伸びていきます。

section1 まとめ

時間を作るために

ママ先生はどうしても自分のことが後回しになりますが、そこをなんとか自分だけの時間を作ることが必要です。家事を効率的にできる工夫をしてみたり、家族の助けを借りたりして、時間を作りましょう。その次に子どもとの時間をとりましょう。毎日一度は愛情たっぷりの言葉をかけてスキンシップを心がけましょう。

1 パートナーや親のサポートは必須！
お願いする時は素直に助けを求めて

2 家族の行動を見える化できる
スケジュール帳を活用

3 勉強を教えることより
親子間の信頼を深める
ほうが大事

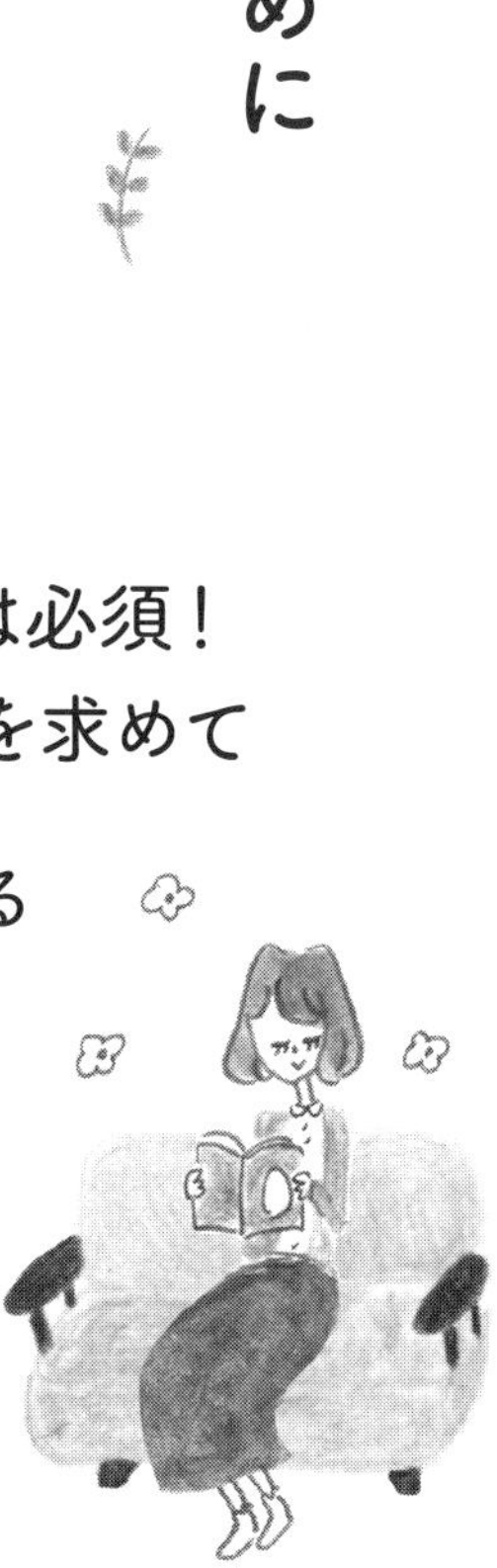

section 2

先生は簡単には休めない！

小学校教諭
2歳男子のママ

case その1

自分もわが子も
多少熱があっても
園や学校へ行くのはあたりまえ

先生は一般企業とは違って休むのもとても大変！

学校では、計画どおりに仕事を終えることができなくて、いつも気があせっています。相手が子どもですから、計画どおりにいかないことがほとんどです。たとえ、わたしが体調不良でも、児童たちはおとなしくしていてはくれませんし、ハプニングは起きます。加えて自分のイライラが教えている児童たちに伝わってしまうと、教室内はさらに落ち着かなくなります。その結果、児童たちは問題を起こしはじめ、逆に仕事が増えてしまいます。これでは堂々めぐり、負のスパイラルです。

一般企業なら、働く母親のための子育てサポートもあるかもしれませんが、園や学校ではそうはいきません。男性も女性も家庭環境もすべて平等ですから、子どもの有無でサポートがなされるということはほとんどない状況です。

病児保育も冬場や流行り病があるときはいつもいっぱいで、預かってもらえないこともあり、ほんとに大変です。

体調不良のわが子にもガマンをさせてしまう

休めないのはわたしだけではありません。保育園に通う息子も同様です。前の夜に熱があっても、翌朝に熱が下がっていたら保育園に連れて行きますし、嘔吐があってもすぐに迎えに行かれないので、しばらく保健室で預かっていただくこともあります。

先日、2歳のわが子が保育園で高熱を出しました。仕事を休んで病院に連れて行きたかったのですが、そうなると、自習の予定を立て、全体の授業スケジュールを変更しなければなりません。代わりの先生はいますが、担任でないとわからないこともたくさんあります。結局パートナーに子どもを託して職場へ向かいました。でも母としては、熱を出して不安になっている息子の側にいたかったです。

そんな事情もあるので、3歳くらいまでは担任を持ちたくないと思っていますが、中堅の先生が少ないのでそうもいきそうもありません。どうしたらこの状況を切り抜けられるでしょうか。

教えてちひろ先生！

子どもと自分の体調管理を始めましょう。親子でできる運動で体力をつければ気分も変わりストレスも減ります

体調が悪くても休めないのは、とてもツラいものですし、ほかの先生たちもきっと同じ悩みを抱えていると思います。

あるママ先生と同じことを話したことがあります。実際にわたしも学校の先生をしていたのでその大変さはよくわかります。

保育園の頃、誰かが熱を出すとほかの子どもにもうつって、あっという間に学級閉鎖に。子どもが高熱を出しているのに仕事に行かなくちゃいけない。ほんとうにストレスですよね。

上手くいくヒント⑫

親子で体力をつけて心もからだも元気にしよう

まずは、病気などで休まないように体調管理を万全にしましょう。そして、**体力をつけることです。**野菜をたくさん食べる、好ききらいなく食べる、親子でできる運動をする！　体調が整うと、バタバタの毎日だって笑顔で乗り越えられます。

親子でラジオ体操もおすすめです。ラジオ体操は、けっこう体力を使う運動になります。

もうひとつ体調管理で大切なのは、睡眠時間です。ママが忙しいと、子どもの睡眠時間も短くなりがちです。子どもが寝る時間をきちんと決めて、その時は部屋の電気を消して、家族が眠る環境を整えましょう。

上手くいくヒント⑬

オンとオフをはっきり！　家庭を癒しの場にしよう

ママ先生のオンは大忙し。でもずっとオンのままだと、ひとつ屋根の下に

暮らしている家族も落ち着きません。
休みの日は、ママも一緒にゆっくり過ごすことで、家庭が癒しの場となります。ママ先生に必要なのが、この「癒しの場」。それが家庭なら最高ですよね。一緒に昼寝したり、朝は少し寝坊をしてみたり、目的を決めず散歩に行ったり、のんびり外遊びをしたり、時間を自由に過ごす体験をわが子にもさせると良いですね。

中学校教諭
小1女子のママ

caseその2

週末、仕事になることが多く わが子とコミュニケーションが とりにくいんです

週末、家族で過ごすことが少なくて娘とのコミュニケーションがとれずに心配

うちの子は小学校1年生ですから、平日はほとんど残業ができません。となると、週末に仕事をしなければ仕事はたまってしまいます。

ところが、わたしが勤めているのは私立中学なので、土曜参観や週末にかけての宿泊など、週末行事がたくさんあります。

さらに、ダンス部の顧問であるため土日は練習があり、長期休みにも学校に行くことがしばしば。行事などは振替休日が決まっているので良いのですが、それが平日ばかりで娘とのスケジュールが合いません。

家族で過ごすはずの週末にわたしの姿はあまりなくて……娘はさみしいと思います。夫には「すれ違いが多いけれど、親子だもん大丈夫！」と言ってみせるのですが、ほんとは自信なんてまったくナシ。ずっとこんなままだと、娘が良くない方向へ行ってしまうのではと心配にもなります。

時間が合わない場合どうやってコミュニケーションをとればいいですか？

時間がない中で親子のコミュニケーションを育むためには愛情をどう注ぐかがポイント

親子のコミュニケーションで大事なのは、短い時間でも『良質の愛情を注ぐこと』です。わが子に愛情をかけるには、いったいどうしたらいいのか……これは多くのママ先生の悩みのひとつです。

とてもシンプルな、交流分析という心理学をベースにした考え方をお教えしますね。

人はみんな心の中に貯金箱を持って生まれてきます。

この貯金箱に親からの「話を聞く」「からだにふれる」「認める」ことで愛

情が伝わった子どもは、心の地盤に自己肯定感がしっかりと育ちます。

『自己肯定感』とは自分のことを肯定的にとらえる感覚のことです。「自分は親から愛されている」「愛される価値がある人間なんだ」という前提があると、自分のことも他者のことも、心から信頼できるのです。

これは、子どもが成長していくうえで一番育ってほしい大切な感覚ですよね。いつも不安を抱えていたり、失敗して起き上がるのに時間がかかってしまう子どもは、まだ自己肯定感が育っていないのかもしれません。

上手くいくヒント⑭

わが子に大きな自信をつける魔法の言葉

わが子の**心の貯金箱に愛情をためるには、**どうしたらいいのでしょう。

それは、**ママの『プラスのふれあい』が必須なんです。**

ふれあいといっても、単なるスキンシップではありません。ママ先生が素直に子どもに思う気持ちを言葉にしながら、からだにやさしくタッチしてください。

子どもが小さかったころは、顔を見ただけで「だあいすき」とか「かわいい〜」と、無条件で抱っこしたり頬ずりしたりしましたよね。

でも、大きくなるにつれ、「百点がとれてエラい」とか「片づけができてスゴい」と、条件付きでほめることのほうが多くなっていき、あたりまえのことを言葉にして気持ちを伝える機会も少なくなってきました。

子どもが小さかったころの**無条件の「大好き」「大事な子」「あなたの味方」こそが魔法の言葉**。これは、いつもあなたを見ている、あなたは宝物と、子どもの存在を大事にしている母から子への愛情サインなんです。

上手くいくヒント ⑮

たくさんボディタッチをして愛情を伝えよう

さらに！　からだのふれあいが親子の関係をもっと深めてくれます。

子どもをギューッとハグしたり、手をつないだり、マッサージをしたり。

週末長い時間を一緒に過ごせなくても、**無条件の声かけとやさしいボディタッチ**＝**『プラスのふれあい』**ができていれば、わが子は、自分を大事にすることを覚えていきます。

そして、お母さんが自分にしてくれたように周囲の人たちに愛情を注ぎま

教えてちひろ先生！

す。そんなふうに成長していくお子さんは、まわりからも愛される人間になり、人の痛みや想いを感じることができるようになるでしょう。大人になってからもたくさんの人から支えられ、人生を楽しむことができるはずです。

小学校教諭
小3男子・5歳女子のママ

caseその3

わが子の
学校行事には出られない
ことが多くて悲しい！

なんで同じ日に重なるの〜
わが子の晴れの日に立ち会えないジレンマ

うちの下の子は来年1年生になるのですが、入学式、授業参観、運動会、学習発表会、など、自分の仕事とわが子の行事が重なることがあります。なんで同じ日に〜ということも多く、わが子の記念日に参加できないジレンマが！　とくに、子どもがふたりいるので大変です。運動会などは一日仕事で、長女は夫に、長男は姑に、と頭をめぐらせなくてはなりません。昨年は、勤務校の運動会と同じ日で、泣く泣く姑や自分の親を総動員しました。

子どもは、自分のママが来ないということで、とてもさみしく思っているようです。でも、しっかり者の子どもたちは、いつも忙しいママに、あまり心配はかけたくないと思っているようで、「ママが来ないほうが気がラクだよ」なんて強がりを言ったりします。でも、仕事にママをとられたような気持ちになることもあるようで、すねたりします。切ないですね。わが子の晴れの日に立ち会えるようにする工夫はあるのでしょうか。

家族じゃないとダメな行事は あらかじめ 両親や兄弟を確保しましょう

わが子の行事がある時は、ママ先生以外の誰かがわが子の行事に行かなければなりません。「子育てはお母さんがやるもの」「お母さんが参加しないと子どもがかわいそう」という考えからシフトする必要があります。

とくに、入学式や授業参観、運動会などの家族イベントは、他人のサポートを使うことはできませんよね。家族が集まる行事に、ベビーシッターが来ると、子どものさみしさに拍車をかけてしまいます。

とにかく、可能なかぎり旦那さんや両親、または兄弟に頼るほかありません。もしも可能なら、なんとか時間を作り、最初や途中に少しだけでもいいので顔を出しましょう。そして、「ママ、後半は行くね。顔を見に行くからね」と、愛情をしっかり言葉で伝えましょう。10分でもママが自分のために来てくれていると思えれば、子どもは安心しますし、よろこびも倍増します。

上手くいくヒント
16

心で思うだけでは足りない 言葉や態度で行けなくてさみしいと伝えよう

子どもにとっては、ママが来てくれないということはとてもツライことです。でも、普段子どもに愛情を伝え、スキンシップをしていれば「ママはいつも自分のことを考えてくれるけれど、今回はお仕事なんだからしかたない」と思ってくれるでしょう。

子ども自身がそんなふうに思うようになるには、**普段から『プラスのふれあい』をたくさんしておくことが必要です。そしてきちんと言葉や態度で、「行けないのはママにとってもさみしいこと」だと伝えましょう。**

「○○ちゃんの走っている姿を見られないのはほんとうにさみしいけど、

パパにしっかりビデオ撮りを頼んだから、それを見るのがすごく楽しみ」「お弁当にママパワーを入れるね」など言葉にして伝えることです。愛情は伝えないと子どもにはわかりません。

上手くいくヒント ⑰

わが子が大人になった時 お手本となるように仕事と子育てを考えよう

今、働くお母さんが※7割を超える世の中です。わが子が成長して、大人になり、やがて結婚して子育てをすることになるかもしれません。

その時に、今のママ先生の仕事とわが子へのふれあい方がお手本になることは間違いありません。仕事も家庭も完ぺきにやろうと無理をしていると、両立はできないことかも、と思わせてしまいます。

いま、ママ先生たちがぶつかっている壁を、わが子はちゃんと見ています。その乗り越え方もしっかり感じています。すべてが子どもの見本となる、とわかった時、どんな姿をわが子に見せたいですか？　あなたのお子さんがやがてママ（パパ）になった時、あなたの姿を思い出すでしょう。そんなことも考えながら、仕事と家庭・子育てに一生懸命になっていきたいですよね。

※2017年厚生労働省国民生活基礎調査より　仕事ありが70.8%、正規雇用24.7%、非正規雇用37.0%

小学校教諭
中3男子のママ

case その4

家で学校の話をしていたら「ママは仕事に休みナシ！」と言われ落ち込みました

家でもわたしは先生 それを押し隠せない

学校は、毎日新しいできごとがあるので、新鮮なネタが満載の職場です。なので、家に帰っても学校のできごとをわが子や夫に話しがちです。それまで、中学3年生の息子も夫もあまり嫌な顔をしていなかったので、おもしろい話ができていいのかなと思っていたんです。

ところが先日、息子に「ママは仕事に休みナシ！　仕事を持ち込みすぎ」と言われました。

ちょっとびっくりしました。息子が嫉妬したのかなとも思いましたが、どうなんでしょう。わたしは先生なので、学校でも家でもそれは変わりません。もちろん、母親としても一生懸命やっていると思いますが、先生としての自分を押し隠そうとは思いませんし、多分それはできないと思います。

その日から、わたしも話をするのが気になってしまい会話も減ってしまいました。子どもにわたしの気持ちを話したほうが良いでしょうか。

学校でのできごとを一方的に話すのはわが子に愚痴を聞いてもらっているのと同じです

学校って一日たりとも同じ日はないですよね。「今日のトピックス」は毎日欠かさずあります。わたしもときどき家庭で生徒たちの話をしていました。でも、やり過ぎはやはり禁物です。家庭で母親が学校の話ばかりをしていると、中学3年生でも、自分に関心がないと感じる場合があります。ママ先生が家庭で学校の話ばかりをすると、その時間は確実にわが子ではなく学校の生徒に関心を寄せていることになります。

また、学校で大変な思いをしている先生はわが子に愚痴も言いがちです。

つまりわが子が愚痴の聞き役になっているんです。中学3年生には、勉強のこと、将来のこと、人間関係など、小学生とは違った不安があるのに……。

上手くいくヒント⑱

笑顔で話を聞いてわが子の心に愛情をためよう

ママに文句を言った時の息子さんは、ほんとは自分の話を聞いてもらいたかったのかもしれません。それに、場所が変わっても先生なのは変わらないのと同じように、あなたが先生でも息子さんにはママなんです。**大きくなって会話が減っていても、いつも自分を見てもらいたいと思っています。**

親子のきずなを太くするためには、わが子の心に愛情をたっぷりためておく必要があります。それには、自分の話をするのではなく、わが子の話に向かい合ってください。「このテレビおもしろいね」「そのカバンいいね」と、なんでもない話題を話したり、あたりまえのことを言葉にすればいいんです。**わが子のことを認める言葉かけが、心に愛情をためていきます。**

section2 まとめ

心のサポートがあれば親子のきずなは結ばれる

先生という仕事は、そう簡単には休めません。だからといって無理をするのは違います。家族の手を借りたり、さまざまなサポートを上手に活用しましょう。わが子の心のサポートはママの役割。日頃から、やさしくタッチしながら愛情をしっかり伝えておけば、週末に仕事で会えない時も親子のきずなは結ばれます。

1 プラスのふれあいで
わが子の「ココロ貯金」をためよう

2 わが子には愛情を
言葉と態度で具体的に伝える

3 あなたはひとりじゃない
子育てサポーターが
いることを忘れないで

section3

ママ先生は子育てに失敗しない？

小学校教諭
小3女子のママ

caseその1

ママ友から
頼りにされるけど……
ほんとは、わたしが相談したい

教育と子育ては似て非なるもの「ママ」と「先生」のすみ分けがむずかしい

わたしは、学校では「先生」ですが、家では「ママ」です。ママ友も作りたいし、ママとして子育てに失敗もあります。学校で児童への指導が上手くできたとしても、ママは子育てに悩みを持つものですし、わたしも完ぺきではありませんので、失敗もたくさんあります。

ところが、周囲からは、「先生」として見られてしまい、わが子の家での失態などを周囲に話すと「うっそ～。先生だからそんなことないでしょ？」なんて言われることもあります。

「悩み」というのは人に話すだけでもラクになるのに、人に言えないから追い込まれてしまいます。どうしても周囲の期待から、「優等生ママ」になろうとしてしまい、「ダメママ」を暴露できない……。

先生だからということで、ママ友から頼りにされて子どもの悩みを相談されることも多いのですが、相談されるとつい理想的なことを言ってしまいます。だって、いままで学んできたので、理想的な子育てについての知識はしっかり身についているのですから、きちんと伝えます。ただ、それがわが子には活用できていないだけなんです。

誰にも悩みが相談できないから いつまでもストレスフル

アドバイスがまあまあ的確なので、余計に「きっとママ先生の子育ては上手くいっている」と思われるんでしょうね。人の相談に乗っている場合じゃない、いまはわたしのほうが相談にのってほしいのに、いったい誰に聞いてもらえばいいの……と落ち込むことがあります。

先日、わが子の担任の先生から、「最近お子さんが乱暴になって、お友だちと上手くいっていないみたいです」と言われて、とてもショックでした。「なんで?」「どうしたの?」「何が起きているの?」と心が大きく乱れて、それを子どもにぶつけてしまいました。

自分の子どもと児童とはまったく違います。学校では言えるのに……母親としてわが子に向き合えるようになるにはどうしたらいいのでしょう。

ママ先生の悩みは同じ境遇のママ先生に話すのが一番いいですよ。

子育てに悩みがない親はひとりもいませんから、ママ先生もわが子については悩みます。それが気軽にママ友に話せないところがツラいところですよね。ママ友に正直に話してしまうと「信じられない！　先生なのにそんなに大変なの？」と言われてしまい、何の解決にもならず、かえってママ友に話さなければ良かったと後悔することも。

そういう時に頼りになるのは、やっぱり同業者ママでしょう。同業者ならではの不安もわかってもらいやすいです。もし、これから子どもを持ちたいという先生でしたら、職場では、仕事や子育ても相談できる人間関係を作っておきましょう。

上手くいくヒント 19

本音を言える職場仲間を見つけよう

教育を仕事にしている人ならどうしても理想を追い求めて、現実とのギャップに悩んでいることも多いものです。そんな悩みは、やはり気を許せる人に聞いてもらうことで少しずつ解消します。同じママ先生として子育てにがんばっている職場の仲間に、聞いてもらえるだけで良いのです。

上手くいくヒント 20

ママ先生は、わが子に対して完ぺきを求めないように

お子さんが先生から叱られたのには理由があるはずです。それは一時的なことなのか、根深いことなのか。もし、あなたがお子さんに対して「完ぺきさ」や仕事のように「タスク達成」を求めていたら、それは大きな原因になります。

自分の子どもの前では、あなたは先生ではなくママです。あなたがママとして完ぺきである必要はありません。むしろ、手洗いができた、宿題ができた、と子育てをタスクのように思うことのほうが心配です。そうなると、子どもを「見守る」のではなく、「見張る」になってしまい、親子関係は悪くなります。

上手くいくヒント㉑

ママにも欠点があってそれでもオーケー！　と認めていることを伝えよう

ママ先生だって欠点はたくさんありますよね。欠点を認め合い、補い合うほうがずっといい関係になれると思いませんか？「教室は間違っていい所」ですよね。家庭だって同じです。

たとえば、学校の準備に何か忘れ物があっても、「あらあら、○○ちゃんも忘れることもあるよね。ママだって忘れ物はあるよ」と、ダメでも大丈夫と伝えましょう。次から気をつけること、同じ間違いはなるべくしないようにすることなどを、「ママも気をつけるから、あなたもね」とさらっと伝え

ましょう。

ママが失敗を認めてくれたことで子どもは安心し、新しいことにもチャレンジできるようになります。教育って、少しずつできるようになっていけば良いものですよね。

保育士
小1男子のママ

case その2

先生として保護者に言っていることを自分ができていなくてあせります

保護者にアドバイスをしながら心の中でできない自分を責めている

保育園では正しいことを言う立場。なのに、子育ては理想どおりにいかないのがママ先生です。

やるべきことを理想どおりにやろうとしているのですが、全部ができない事態になり、破綻してしまいます。だって、子育ては時間がかかることばかり。ワンオペ育児を長期間やっている専業ママのほうが子育ての腕があると感じ、あせったり落ち込んだりします。

保護者の面談で保護者にもアドバイスをしますが、その悩みは、自分でも抱えているものと重なることが多くて、えらそうに言いながらも、できない自分が不甲斐なくて……。

「早く早くとせかしてはいけない、できるまで根気よく待つ」「子どもの話を、口をはさまずに耳を傾けること」「子どもの様子をちゃんと見ること」「感情的に叱るのは逆効果」などなど。どれも身に覚えのあることばかり。

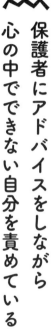

先生として、理想的な子育て論や教育論を保護者の方に伝えているだけに、保護者の前でいい顔をしている自分が嫌になることもあります。

ほんとうのわたしの親としての姿は失敗ばかりで、恥ずかしくて見せられません。

子どもを叱ったり注意したりしている時も「これではいけない」ともうひとりの自分がいる

家でも、子どものできないところにばかり目が行って、叱ってばかりです。

子どもの話も途中で口をはさみ、決めつけてしまい、子どもから「ママ嫌い」なんて言われることもあります。良いところを見つけてほめる、できるまでの過程をしっかり見守る、なんて理想的な子育ての理屈だけがわかっている自分に腹が立ちます。

ほかのママ先生たちは、保護者に話しているようにちゃんとした子育てができているのでしょうか。わたしだけができていないとも思えてしまいます。

保護者会
わたしもできてないわ
お子さんの話に耳を傾けましょう

ママ先生だって、発展途上！それに、完ぺきにやることは最終目標ではありませんよね

先生として保護者に話をする時には「先生の立場」で話をしています。「自分ができていないことを人に言っている」と思う必要はないと思うんですよ。ママ先生の多くが、みんなそんなものです。

でも、なかなかわりきれないこともあるでしょう。わたしたちは感情の生き物ですから、言うこととやることが相違する時に自己嫌悪に陥ることがあります。そんな時には、心の中でつぶやきましょう。

「わたしだってできないことはありますよ！　だってわたしも学び中だか

ら」と、自分で自分を意識的に励ましてくださいね。自分の一番の味方はなんてったって自分ですから！

上手くいくヒント㉒

完ぺきさはマイナス！ほどよくサボって子どもと向き合う時間を作ろう

先生ってほんとうにまじめな方が多いんですよね。子育ても家事も仕事もちゃんとやらなくちゃいけない！　と思っていらっしゃる。でもね、それは無理というものです。

もしも「完ぺきにできた！」としても、それは強引な自己満足ではないでしょうか？　そうだとしたら、子どもたちに窮屈な思いをさせていますよ。

家事は適度にサボって、その時間をわが子と向き合うために使いませんか。それが、子どもの心を安心させ、親との信頼を結ぶことになります。

家の中ではのんびりしていてもいいんだ。掃除や片づけは少しくらい手抜きをしても大丈夫。それよりも家の中がゆったりと落ち着いて過ごせること

が第一ですね。ただし、その時々で優先順位をつけることも大切ですよ。

上手くいくヒント 23

自分なりのストレス解消の手段を考えよう

ママ先生は自分で思っている以上にストレスを抱えています。ですから、たまには自分のために時間を使ってください。

休みの日には、自分を甘やかしましょう。美容院に行ったり、マッサージやエステに行ったり、早めに寝たりするのも必要です。子育てでストレスがたまるのは、自分の時間がないからです。ひとりになれる場所がないからです。

意識的に短時間でも、たったひとりの時間を自分に作ることをおすすめします。

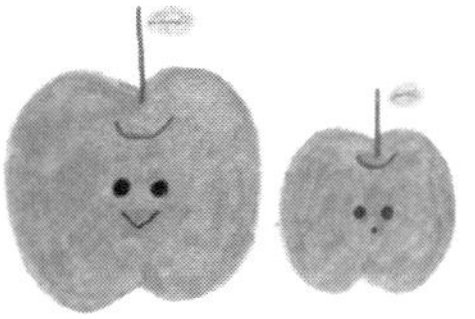

小学校教諭
2歳・4歳女子のママ

case その3

児童よりも
ずっと小さなわが子との接し方が
わからなくなります

教えている子どもと違う年齢のわが子にどう対応していいかわからない

うちは2歳と4歳の子どもがいるのですが、下の子が生まれてわが子がふたりになった時、異年齢の子どもをひとりで育てることの大変さを痛感しました。世の中のお母さんはどれほどすごいのか！　と感じている日々です。

自分が教えている小学生の教育に関してはプロです。でも、それ以前の幼い子どもの対応は正直言って素人です。

下の子はいま、イヤイヤ期の真っ只中。保育園の先生も手を焼いているくらい激しくて、子どもとベッタリする週末が憂うつです。あまりにも疲れてしまい、トイレに閉じこもったり、夫に託して逃げるように買い物に出かけたりすることがあります。下の子ばかりを気にしていると今度は上の子も落ち着きがなくなります。赤ちゃん返りかもしれません。

教え子の相手は自信があったのに、小さなふたりのわが子との接し方がわからず、自分が情けなくて泣きそうになります。

子育ての大変さは先生として貴重な体験。教え子の保護者の気持ちも見えてきます

仮に、子どもの数が2倍になると、子育ての手間は3倍になります。きょうだいゲンカが起きたり、どちらかの子がすねたり、病気がうつったりと、思いもよらぬハプニングの連続で手間は2倍ではなく3倍です。子どもをふたり以上育てることが、どれほど大変なことなのかを、身をもって感じることになります。

でも、この経験があるからこそ、保護者の気持ちが見えてくることもあるのではないでしょうか。この大変な時期を乗り越えることで、またひとつ子育ての知識と知恵を授かることにもなります。

でも、ひとりで無理に乗り越えようとは思わないでくださいね。旦那さんや家族と一緒に協力して、同じ大変さを共有しましょう。

上手くいくヒント㉔

いま本気でツラい！　と感じたら家族に託しちゃおう

子育てに感じる大変さの度合いは、じつは人によって異なります。理由もなくただイヤイヤと暴れる子どもを前にして、「疲れるけどしょうがないなあ」と思う人もいれば「もうやめて！　ほんとに無理」と感じる人もいます。だから、絶対に乗り越えなくちゃいけないものではありません。

旦那さんに託すのだって正解です！　ツラい時は家族にお願いをして逃げちゃうのも一手です。心がこわれそうになったら、その場から離れてください。それはけっして悪いことではありませんから。良くないのは、自分を責めることです。

中学校教諭
小5男子のママ

caseその4

子育てや教育のプロだから
できなくちゃダメ！
とがんばり過ぎてしまう

先生はがんばるもの！
ほかの先生も同じであってほしい

先生になって10年間、いくら時間がなくても、ほとんど休まず学校に行っていました。自分が仕事を休むことで生徒たちが不安にならないように、また、プロの教育者の自覚でもあると思っているからです。

これを同僚にも同じようにやってほしいと思っているのですが、最近の若い先生には伝わらないことがあり、それもまたストレスになっています。

じつは手の抜き方がよくわからない

もちろん、わが子のことを優先しなくてはいけないこともあります。そんな時の仕事のやりくりがとても大変で徹夜が続いてしまいます。見かねた母も「手を抜きなさい」と言うのですが実際のところどうやって手を抜いたらいいのかわかりません。どこを手抜きすればいいのでしょうか。

教えてちひろ先生!

ママ先生の多くは『がんばりがんこさん』。でも賢いママ先生は、自分の失敗を素直に認めてみんなを味方にしています

こんなママ先生は、自然に仕事や子育てをしていても、どんどんがんばるモードが加速するものですから、「努力して休む」「がんばってサボる」ことも大切です。

心理学でいうと、やることが増えた時は、その分何かをやめないと帳尻が合わなくなりイライラし始めます。また、自分がどんな時も仕事を休まずにがんばっていると、同僚が簡単に仕事を休んだ時に許せなくなります。

そんなあなたは『がんばりがんこさん』です。

上手くいくヒント㉕

自分にも他人にも厳しくするのは上手なコミュニケーションとはいえない

『がんばりがんこさん』は一見、先生としては理想的なように見えますが、がんばらなくちゃと思えば思うほど肩に力が入りすぎて、それがまわりにも伝わります。自分にも他人にも厳しくし過ぎると、友だちも減っていきます。

上手くいくヒント㉖

失敗も認め、素直になってラクになろう

わたしが教師をしていた頃に、生徒からも先生たちからも好かれていたママ先生がいらっしゃいました。その方は、いつも一生懸命に仕事に取り組んでいましたが、できないことはできないと素直に言い、失敗したらすぐに「ごめんなさい」と謝ることができていました。

その先生は「自分に素直になるとラクなのよ」とおっしゃっていました。

それに、落ち込んでいる先生がいると笑顔でやさしい言葉をかけるなど、人間的にもとても魅力的でした。

教えてちひろ先生！

上手くいくヒント㉗

ママ先生は愛されキャラになって味方を作ろう

その先生が急にお休みしても、ほかの先生は嫌な顔ひとつしませんでしたし、忘れ物をしても「おっちょこちょ～い」と穏やかな雰囲気になりました。ママ先生は、仕事をスムーズに進めるためにも愛されキャラになりましょう。同僚や教え子を味方につけること……それが賢いママ先生のコミュニケーション術だと思います。

中学校教諭
中2男子のママ

case その5

よその子ばかりを見ていた自分が許せなくて仕事にも影響が出てしまう

自分の子どもより学校の生徒ばかり見ていて子どもが上手く育っていないのでは……

最近、わが子の担任の先生から「数学が苦手なようですね。お母様も先生ですから、ちょっと見ていただけますか」と言われました。とても複雑な思いになり、「わたしが勉強を見てあげられないから悪いんだ」と、自分を責めたりもしています。

息子は家では何も言いません。息子が何か問題を起こすたびに、「わたしの育て方が悪い」「仕事でよその子ばかりを育てていた」「自分の子をしっかり見ていなかった」と落ち込むことがあります。

夫も先生ですが、わたしのようには感じないようで、母親としての気持ちはなかなかわかってもらえません。

PTAの集まりに参加した時も「子育てのプロである先生にお話をいただきましょう」と紹介されて複雑な気持ちでした。ほんとうは失敗ばかりなのに保護者にも失礼なのではと思ってしまいます。ダメなママ先生ですね。

教えてちひろ先生！

自分のことは否定するのではなく
ほめるものです。
「自分ほめ」で自信も勇気もわいてきます

あなたはダメなママ先生ではありません。それに、自分を責めることはありません。自分を否定するとメンタルヘルスが悪くなってしまいます。反省は1秒だけでＯＫです。

先生業は一大プロジェクト、そして子育ても一大プロジェクト、つまりママ先生は二大プロジェクトを行っています。ママ先生ががんばってきたからこそ、生徒もわが子も今日があります。自信を持って自分をほめてください。

上手くいくヒント 28

自分ほめができると、わが子のこともほめられる

自分ほめができると、次第にわが子をほめられるようになります。さらに、**ママ先生が自分自身をほめると、そのほめパワーは生徒にも伝わります。**

ほめ方はいたって簡単です。**子どもの前で、堂々と自分をほめること。**

「ママがんばったよ！」「えらいなあ」と言うママを見た子どもは、自分をほめていいんだと自覚します。

そして、ママを通じて自分をどうやってほめたらいいのかを身をもって知ることができます。

がんばった時に自分をほめられること、それも自己肯定感につながる大事なことです。

わたしえらい!!
がんばってる!!
天才!
すごい
○○君も
すごい!!
早起きえらいね!
お片づけ
がんばったね!

section3 まとめ

完ぺきじゃなくていい ママ先生の自信を持って

ママ先生の多くは小さいころからまじめで一生懸命。でも先生という職業での終わりのない仕事に追われ、家事も育児も背負い、どうしても無理をすることになります。それが高じると、精神的に病んだり、からだをこわしたりしてしまいます。まず悩んだ時は相談しましょう。ただ話すだけでもラクになります。

1 悩みをためず相談できる
相手を見つけて早めに相談

2 先生とママの顔をしっかり分ける
ママの時は上手な手抜きを

3 完ぺきを目指さない！
自分をほめて
自信を持つことで上手くいく

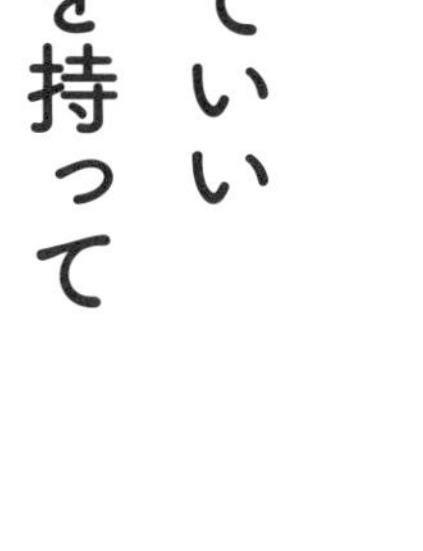

section 4

わが子は「先生の子どもだから」？

小学校教諭
小5女子・小3男子のママ

case その1

先生の子どもは「頭がいい」「できてあたりまえ」と思われがちです

学校ではがんばっているのに家ではダラダラしていて心配

先生というだけで、世間はその先生の子に対して、「(先生の子だから)頭がいい」、「先生の子だからできてあたりまえ」と勝手に評価をします。

わたしのふたりの子どもも、現実とは違う評価をされていることに、気づいていています。でも、それに負けないようにと思っているのか、まわりの期待に応えようとしているのか、学校ではとてもがんばっているといいます。それを聞いた時は、母としてとてもうれしくなりました。

ところが、学校でがんばっている反動でしょうか、家ではソファーに寝転んでテレビを見たり、机の上を片づけないまま、洋服も脱いだら脱ぎっぱなしになっていたりと、ダラダラしてしまうことが多くなってきました。

最初は、偏った目で見られないように奮闘しているわが子たちのことを考えると、あまり叱れませんでしたが、やはり良くないことは良くありません。ここはやはり、しっかりきっちり指摘をしました。

叱ったら逆効果に！

すると今度は、「最近お子さんが宿題のプリントを40枚ほど出していませんのでご確認をお願いします」と学校から電話がきました。

ものすごくびっくりしました！　宿題はほぼ毎日プリントが1枚あるので、その枚数からすると2ヶ月は宿題を提出していないことになります。先生の子どもが宿題を出していないなんて、まわりに知られたら子どもだって嫌なはずなのに。いったいどうしたの？　厳しいパパは、こんこんと叱りました。わたしもママと先生の両方の立場で叱ってしまいました。

それから、宿題や学校からの連絡プリントを出すようにうるさいくらいに促したら、娘から「ママと一緒にいるとうるさくてヤダ」と言われました。

先生の子どもであるがゆえ、勉強もできないよりもできてほしいと思っています。学校で友だちに悪いことをしていないかも気にもなります。子育てってほんとうにむずかしいですね。

教えてちひろ先生！

わが子が安心できる家庭を築くには まずは、ママ先生が変わりましょう

上手くいくヒント 29

家では、ダラダラでオーケー！ がんばりをゆるめさせよう

「先生」は児童に勉強を教えることが仕事です。だから先生は勉強ができる人と思われ、その子どもは「できてあたりまえ」と思われる節があります。

でもそれは、子どもからしたらいい迷惑ですよね。まわりの期待を意識しながら行動するなんて、子どもにとっては負担ですし、できないと「どうして？」と聞かれたりもします。

そんな中、学校でがんばっているお子さんはえらいと思いますよ。

そのことを、声に出してほめましたか？「わたしのがんばりのおかげ」と自分だけの手柄にしていませんか？　お子さんの良いところ、がんばったところはすぐにほめてください。もっと向上心が芽生えるはずです。

あなたが学校も家も両方でがんばっているのは、一見、素晴らしいように思えますが、ストレスはたまっていく一方でしょう。家の中ではゆるめたり、ダメな自分も出せるほうが精神的なバランスもとれますし、お子さんの今後の成長も見込まれます。

上手くいくヒント30

わが子の「ココロ貯金」をためて自立心の芽をぐんぐん育もう

ママ先生は子どもに関わる時間が少なく、わが子は「ココロ貯金」不足になりがちです。「ココロ貯金」が減ると、まわりの意見に流されやすくなり、自分はダメな存在と思ったり、失敗を恐れて行動を起こせなくなったりします。

「ココロ貯金」がたまると、自分に自信を持ち、失敗しても次があるさ！と前向きでいられます。それに、まわりから何を言われても、自分を大事にしたいと考えるようになります。そんなふうに自己肯定感が育つことは、子どもの成長に大切なポイントです。

上手くいくヒント ㉛

おきまりの叱りフレーズ「なぜ」「なんで」を「何」に言いかえよう

また、叱る時に「なんでできないの？」「なぜできないの？」というフレーズもよく使いますよね。この時子どもは、どうしても責められているようにしか感じないものです。

理由が知りたいなら、「何（なに）」「何をしたら宿題ができるかな」「それができない理由は何かあるの？」と、「何」に言いかえましょう。

子どもは一生懸命、どうしたら良いのかを考えるようになります。

上手くいくヒント 32

「みんなちがってみんないい」わが子は自分とは違うことを認めよう

親が先生であってもわが子が勉強好きかどうかは別問題です。

詩人の金子みすゞさんは「みんなちがって、みんないい」と言いました。

これはわが子も同じです。仮に自分が勉強ができたとしてもわが子が同じように勉強ができるとは限りません。これは「違いを認める」レッスンです。

中学校教諭
小2男子・5歳女子のママ

case その2

先生の子だからこそ
わが子の友だちづきあいに
うるさくなりがちなんです

わが子より
まわりの子を観察してしまう

わたしには5歳と7歳の子どもがいて、よく公園に行きます。公園に行くと、保育園や小学校のお友だちや、同じ歳くらいの子もいるので、みんなで集まって遊びだします。

そんな時についつい、遊んでいる子どもたち全体の様子をじっと追ってしまいます。これって、生徒を集団で見るくせがあるからだと思うんです。普通のママなら、まずは、わが子を見ますよね。危ないことをしないか、お友だちに迷惑をかけていないかが気になって。

でもわたしは、自分の子ではなく、まわりの子を見てしまいます。つきあっても良い子なのか、危険なことはないのか……わが子が友だちと楽しく遊んでいるのに、常にそのまわりにいる子の態度や話し方を確認してしまいます。もっと行き過ぎると、そんなわたしの先生的な判断で子どもの遊ぶ相手を選んでしまうこともあります。

先生の子どもだからこそ良い友だちとつきあってもらいたい

なぜそんなふうになるのか。それは、先生の子どもだからこそです。先生の子どもだから、あまり良くないお友だちとつきあわないように、子どもの友だちづきあいが気になるのです。

子ども同士のつきあいは、当人同士のフィーリングで決まってくると思いますが、まだ5歳と7歳なので、フィーリングにも気づいていないと思うんです。だからこそ、今なら先生の子どもとして、良いお子さんとつきあって、良い影響を得られたらと思うんです。友だち選びは親の役目でもありますから。

わたし自身は、中学生の担任をしています。思春期を迎えた生徒の友だち関係はとても複雑になってきています。それを端から見ても、良い友だちの見極め方は、早いうちから学ばせてあげたほうがいいかなと感じています。

友だちづきあいは親の責任と思い込むのは間違いです！子ども自身が伸びていけば自然と良い友だちができるものです

子どもの友だちづきあいは、わが子を大切に育てているママにとってはとても気になるもの。とくに先生の立場で教室内で起こる子ども同士のやりとりを日頃から間近で見ているため、その中で起こる嫌なことを、わが子には経験してほしくないと心配してしまうことが多いはずです。

ただし、子どものことは子どものことです。仮に**友だちづきあいの中で嫌なことがあったとしても、それを経験することが重要**なのです。

本人の中で自分に対する反省点や友だちに対してのあり方など、身をもって経験し学んでいくことで、その子の人間性が磨かれて、自然と素敵なお友だちが集まってくるのです。これは、ほかのお子さんも先生のお子さんも変わりません。

上手くいくヒント 33

問題を回避する子より解決できる子に育てよう

先生の子どもだからといって、特別な思いになりがちなママ先生がいらっしゃいます。

それは、「何か問題が起きてしまったら、先生の子どもとして、まわりから、より一層悲哀の目で見られるかもしれない」とか「先生をやっているのに、良くない友だちとつきあっていると、思われたくない」という考えがあるからではないでしょうか。

でも、これは先生の子、だからだけではありませんよね。

親として教えなければならないのは、先生の子だから回避するように考える、ではなく、**何か問題があった時に自分で解決できる、**ではないでしょうか。

上手くいくヒント㉞

わが子の安心の基地になって認めよう

最も肝心なことは、ママは子どもたちにとっての絶対的な安全基地となり、安心感が持てる場所になっていてあげることです。

子どもはママに認めていてもらえれば、学校で何があろうと自信のある安定した子でいられます。強くたくましく生きていってもらうためにも、良い人間関係を自分できちんと作れるように小さいうちからいろいろなことを経験していってもらいましょう！

上手くいくヒント㉟

家では「名前」＋「あいさつ」で子どもを認めよう

子どもはママからの愛情をたくさん受け取ろうとしています。

かわいいわが子が楽しく安心して学校生活を送れるようにするためにも、**ママが子どもに向き合い、ほめてたくさん認めてあげてください。そうしているうちに自信も高まり、やる気も向上し、良い人間関係を築くことができるようになります。**

家庭内で忙しいママがやりやすい方法として、「ケンちゃん、おはよう」というように、あいさつをする前に子どもの名前を呼ぶことで子どもを認めることができます。名前は一人ひとりに固有でつけられたものなので、**名前を呼ぶことで『あなたを意識していますよ』『大切に思っていますよ』と伝えることができるのです。**

きちんと母と子のきずなを大事にして守ることで、子どもはママが思う何倍も素敵に育ってくれますよ。

中学校教諭
小6女子のママ

case その3

手がかかる生徒を見ていると わが子には しっかりしてほしいと 気になってしまう

手がかかる生徒たちを見ているとわが子にそうなってほしくないと不安

わたしは中学校の先生をしていますが、教室にはとっても素直で明るい子もいれば、なんとなくいたずらが好きでやんちゃな子もいたり、さまざまです。そういったたくさんの例が目の前にあるために、良い子はこう、悪い子はこうであるというイメージ像がわたしの中に備わっています。

そのせいか、わが子にもそのイメージを良くも悪くも勝手に投影して、先生の子どもとして、しっかりするように家で話をしています。

父母会で、素行の良くない生徒の話題が出ると「先生のお子さんはしっかりしていらっしゃいますよね、子どもの悪いところをどう直せばいいですか?」「先生の子育て論はどういうものですか?」と聞かれることがあります。

でもじつは、わが子はしっかりなんてしていませんし、子育て論なんてすごいものは持っていません。ほんとうは「うちは全然、しっかりしていませんよ〜」と言いたいのですが……言えず苦笑いです。

わたしの口ぐせは「ちゃんと、しっかりやってるの？」

娘が言うのですが、わたしの口ぐせは「ねえ、あなたしっかりやってるの？」「ちゃんとしてね」だそうです。

先生の子どもとしてしっかりやってるのかどうかが、とても気になっているのだと思います。

学校で素行が良くない子どもを見ると、うちの子は大丈夫だろうか……と不安に思うことも多々あります。わたしが子どものことをきちんとケアできていないことが原因で、受け持ちのクラスの中にいるような素行の悪い子になってしまってはいけないというジレンマも抱えています。

先生としてわが子を見ているわけではないのですが、どうしてもそのような型にはめてしまうため、わが子を素直に受け止めてあげることがむずかしかったりしてとても悩みます。

教えてちひろ先生！

わが子に「しっかりしてほしい」と思うことは悪いことではありません。でも、子どもの気持ちを忘れないで

上手くいくヒント 36

自分の感情を否定せず逆に認めてラクになろう

まず、わが子にはしっかりしてほしいと願うことは悪いことではありません。親であれば当然のことですし、また、手がかかる生徒を見ていると「わが子は大丈夫か」と思うのも自然な感情です。この感情を無理やりとめることはできないでしょう。

教えてちひろ先生！

そういう時には**自分の感情を否定しないで**「わたしは、わが子は大丈夫か？と感じているんだな」と、**あえてその感情を認めましょう。そのほうが感情の収まりが良くなり、いつまでも不安感にしつこく引きずられることもなくなります。**

手がかかる子と言うのは、どこかに問題を抱えています。それが家庭環境だったり、発達の障害だったり、理由はいろいろありますね。

では、ママ先生がわが子に、そんな問題を見つけたらどうしますか？

たとえば、宿題をやってこない子の場合、理由はいろいろです。宿題のあること自体を忘れてしまう、宿題を重要視していない、宿題をする時間がないなどなど。ママ先生は家に帰っても時間がないので、わが子の宿題を気にする余裕がありません。ですから、わが子には、宿題を自分でやれるように策を講じますよね。

教師をしていると、子どもが起こす問題には原因があることはわかります。「原因を知ってその対策をとる」ことが実践できるので、お子さんに問題があってもちゃんと対応できると思います。

上手くいくヒント㊲

少しの声かけとスキンシップで「ココロ貯金」をためよう

朝5分でいいから、わが子を見て声をかけましょう。「今日は自分からご飯を食べに降りてきたね、ママ助かるわ」「ひとりで支度できてすごいね」などなど。あたりまえのことでも口に出してほめましょう。

スキンシップもしましょう。シャツの襟を直したり、帽子をかぶせたり、「行ってらっしゃい」と肩をたたいて見送ったり。**ほんの少しのことで子どもの気持ちが安定します。笑ったり、うんとうなずいたりするわが子の反応を見られたら、ママの「ココロ貯金」もたまりますよ。**

教えてちひろ先生！

上手くいくヒント 38

家庭を癒しの場にするよう スイッチを切り替えよう

道徳心、こうであるべきという感覚は先生という職業柄、一般のママよりは出やすい可能性があります。先生が「なんだっていい加減でいいのよ〜」と思っていたら学級の生徒は不安定になります。

ただ、この道徳心をそのまま家庭に持ち帰って使ってしまうと子どもは生きづらくなります。家庭は訓練の場ではなく、癒しの場。家で一見ダラダラしてるわが子にも「そんな時もあるよね」と認めたほうが、子どもは自分を認められたと感じるので強くてたくましい子どもに育ちます。

ママ先生には時間がありません。でも、わが子が何か不安を抱えている時や言動や態度がおかしいなと感じた時は、無理してでも時間を作って集中してわが子に向き合いましょう。

小学校教諭
小5男子のママ

case その4

優秀な児童と わが子を比べて 息子を傷つけてしまいました

「僕は先生の子だけど優秀じゃない」息子の言葉に驚いた

わたしはいま、わが子と同い年の小学5年生を受け持っています。クラスにはとっても優秀な子がいて、その子がすごく良いことをしたり、優秀だったりすると、家庭でもその子の話をしてしまうことがあります。同い年の息子と比べているわけではありませんが、あまりにも良い子で優秀なので、話題として話をしています。

ところがある日、息子の机の引き出しを見ると、返されたテスト用紙が何枚か入っていました。点があまり良くなかったからか、なぜここにしまってあるのかを当人に聞きました。すると、息子はちょっとふてくされた様子で「僕は先生の子だけど、優秀な○○くんのようにはいかない」と言いました。

とてもびっくりしました。息子は、優秀な子と比べられたことと、先生の子どもであることを重く受け取っていたのです。息子の気持ちを元気にするにはどうしたらいいでしょうか。

教えてちひろ先生！

気持ちはいつもわが子を最優先！ 親子のふれあいを持てば 成績だってアップします

上手くいくヒント 39

わが子の前で ほかの子どもをほめるのはやめよう

ママ先生の特権は、職業柄多くの子どもと接することができることです。となると、わが子よりも数段優れている生徒の担任になることはあります。もちろん「わが子と生徒を比べてはいけない」ということは簡単ですが、比較対象の子どもと接するのが先生ですから、知らぬ間に比べてしまうことはあります。とはいえ、軽い話題のつもりでも、自分よりもほかの子どもをほめている母親を見たわが子は、悲しい気持ちになります。

上手くいくヒント㊵

わが子の心にふれる3ステップを実践しよう

落ち込んでしまった子どもを元気にするには、母親の気持ちが自分のほうを向いていると感じさせることです。何度でも言いますが、子どもはママが一番好きです。ママにいつでも自分を見ていてほしい、認めてほしいんです。

では、お子さんの元気を取り戻して、さらに成績アップにつながる3つのステップを実践してみましょう。

まずは**ステップ1　あいさつや雑談を進んでしてください。**

「大丈夫！　次がんばろう」と笑顔で声をかけましょう。子どもはママが誰よりも自分のことを応援してくれているのがわかります。

次に、**ステップ2　同じ目標を持って一緒に何かをしましょう。**

「何をどうしたらテストの点数が良くなるかな」などと具体的な目標をテーマにして息子さんと一緒に考えてみませんか？　親子で一緒に何かをするこ

とで、息子さんの心とよりふれあうことができます。このふれあいができているると、次には、ママの言うことを素直に受け入れるようになるんです。

そして**ステップ3　ママから提案・お願いをしてみましょう。**

たとえば「こんな方法もあるね？」「次のお休みの日に一緒に考えてみよう」とママから提案をしてみましょう。ママとお子さんの心のふれあいができていれば、お子さんのやる気スイッチも入り成績アップにもつながるでしょう。

声かけで大事なのは「テスト問題がむずかしかったのかな」「時間があればもっとできたかも」と、**したことを主語にして話すことです。**

「あなたができなかった」「あなたの勉強のしかたが悪い」など、**息子さん（相手）を主語にして話すと責める口調になるので、してはいけません。**注意してくださいね。

わが子の「ココロ貯金」をためる

「先生の子ども」は、外でとてもがんばっています。そんなわが子には、安心していられる家庭が何よりも大事なです。仕事でなかなか会えないママ先生ですが、わが子への声かけや態度で安心感をあたえることができます。わたしはあなたをいつも見守っている、というメッセージを具体的に伝えていきましょう。

1 安心して過ごせる家庭を作るため
わが子への声かけや態度を変える

2 わが子にプレッシャーを
かけすぎない

3 優れている教え子のことを
わが子の前でほめない

section 5

ママ先生ならではのしあわせ

保育士
0歳女子のママ

case その1

妊娠期間中から役割分担を考えたら家族とつながりが強くなった

思いきって家族会議を開いたらサポート体制に賛成してくれた

妊娠がわかった時、すぐに先輩の先生に子育てと仕事のバランスを相談したら、自分たちだけでなく、家族のサポート体制も整えたほうがいいとアドバイスをもらいました。少し早いかなと思ったのですが、思いきってすぐに家族会議を開きました。

先輩ママ先生からアドバイスをいただいた中で、とくに考えたかったのは、仕事復帰後の役割分担。これに関しては、具体的にやってほしいことをリストにしてスケジュールを相談しました。

すると姑が「あなたたちの子育てと仕事の両立のために、みんなで工夫しましょう。いまから相談をしておけば、お互いに試せるしね」と言ってくれたんです。

この言葉を聞いた時、すごくラクになりましたし、気持ちに余裕が生まれました。それに以前よりも家族のきずなも深くなったと感じました。

子育てと仕事の両方を楽しんでいるママ先生たちは周囲の頼れる人たちとしっかり話し合いができています

上手くいくヒント ㊶

子育ても仕事もがんばりたいならやることを家族と分担しよう

ママ先生のホンネを言うと、保育士や教育者だから、わが子の子育ては自分たちでやりたい！　自分たちならできる！　と信じて疑わないものです。

さらに、そういうママ先生はなんとかして全力で立ち向かおうというまじめな方に違いありません。でも、実際にやってみると、やっぱり子育てと仕事の完ぺきな両立はかなりむずかしく、できない自分に腹を立てたり、落胆したりして精神的にも沈みがちになることも……結果的にわが子にシワ寄せがいく可能性大です。

がんばりたいママ先生なら、自分だけがんばるのではなく、家族を上手に活用するほうがいいと思いませんか。

上手くいくヒント㊷

サポートしてくれる親にも自分にも「心の準備期間」を持とう

家族との話し合いには、じつは時間がかかるものです。

ママ先生が30代だとしたらお母さんは50～60代でしょうか。まだまだ何でもできる年齢ですが、それでも、物の準備はもちろん、心の準備だって必要なんです。親だって毎日の生活がありますから。手伝ってくれる家族のことも考えて、「相談できる時間」を持つのが成功へのカギ。早い段階から家族で計画を立てて、お互いにいろいろな準備が整ってから、子育てと仕事のためにがんばりましょう！

幼稚園の教諭
小4・小1男子のママ

case その2

ママ先生だからこそ
ママ友の悩みや不安に
寄り添えるんです

先生でありママであることをとことん楽しみたい

先生は、教育や保育の専門家なのでほかのママに比べて、子どもの成長にほんとうに大事なことは何なのかを知っていると思います。

たとえば習いごとでも、どういう基準で選ぶのがいいのか、というプロの目線にプラスして、こんな風になってほしいというママの願いもわかっているので、アドバイスにリアリティがあります。

わたしは、ママ先生になれてすごく良かったと感じています。

とてもたくさんの子育ての悩みや不安を知ることができますし、その気持ちに寄り添えることができるんです。わたしが先生じゃなかったら、こんな貴重な体験はできません。時間がないことや、子育ての悩みもそれなりにちゃんとありますが、ママ先生をとことん、楽しみたいと思っています。

教えてちひろ先生！

母親と教育者の両方の特権が利用できちゃうなんて、ママ先生はまわりのママたちのヒーローです

先生は一般のお母さんよりも、たくさんの子どもやその親に接しますよね。

そのおかげで、「人の話を聞く姿勢が素晴らしい子どもは、何をやっているのだろう」「友だちから信頼されている子は、何を大事にするように育てられたのだろう」「いつも元気で笑顔をたやさない子は、親とどんなおしゃべりをしているのだろう」「子育てにほんとうに大切なことは何か」など、子育てのケーススタディを目の当たりにしているんです。

そんなお宝のような体験ができるママ先生が、ママ友から頼られるのはあたりまえですし、親と子どもの気持ちがわかり、双方の不安や疑問を理解できる人。そんな人が近くにいたら、どんなに心強いでしょう。

上手くいくヒント 43

ママ友の不安をママ先生の豊富な知識で可能な範囲で上手にアドバイスしよう

情報がこんなにもあふれているのに、正しい読み取り方がわからないママがたくさんいます。間違って思い込む方もいます。

ママの視点で、ママ友の悩みの根底にあるものを察知し、先生としてできる限りのアドバイスができたらすごくいいですよね。

ひとつお願いしたいのは、お勤め先の幼稚園や学校の規則を破るようなことだったり、個人情報が漏れたりするようなことのないようにしてください。的確でためになるアドバイスができたら、ママ友との距離が縮まりますね。

小学校教諭
小3女子のママ

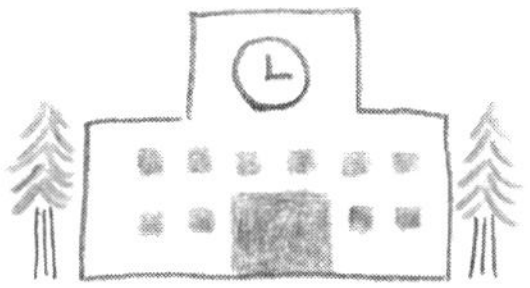

case その3

自分がモンスターペアレントにはならない！ わが子の担任と上手くいく

わが子の担任の気持ちがよくわかる

学校にはいろいろな親御さんがいらっしゃいます。学校のルールより自分の主張を通したがる方、悪評を流してまで自分を正当化しようとする方……度が行き過ぎる保護者を、メディアではモンスターペアレントと呼んでいますよね。娘の学校にも似たような方はいて、担任の先生を質問攻めにしたり、すぐに校長先生を呼んで必要のない説明を求めてきたりします。

そんな保護者を相手に、「至らずに申し訳ございません」と深々と頭をさげる担任の先生の姿に心を打たれ、また、気持ちが痛いほどわかるので、面談の時に「お疲れよくわかります！　お水でも飲んでラクにしてくださいね」と言ってしまいました。

すると、先生が堰を切ったようにいろいろと話をしてくださり、そこから娘のことにもアドバイスをくださるようになりました。

先生の気持ちがわかるので、一方的なモンスターペアレントにはなれません。自分がママ先生でかえって良かったなと心から思えます。

わが子の担任の先生との関係も同じ気持ちを共有できるママ先生ならきっと上手くいきます

学校の先生と家庭の関係って、ちょっとむずかしいですよね。

面談や保護者会で「子どものことはすべて聞きたい」と言うママに対し、「心配を与えたくないからきれいな部分だけ話しておこう」とかわす先生。

「先生にこんなことを言って嫌われないか気になるのでだまっている」と波風立てないようにしている保護者に対し、「お子さんのことをもっと真剣に考えて相談してほしい」と言う熱い先生。お互いの立ち位置を考えるあまり、気持ちの行き違いが生じやすいのが、先生とママです。

上手くいくヒント ㊹

わが子の担任の先生の気持ちをくんで！心を通い合わせてコミュニケーションをとろう

その点、ママ先生は双方の立場に身を置いているので、どこでつながっておくべきか、立ち入り禁止のボーダーラインはどこなのかが見えています。だから、担任の先生とも上手にコミュニケーションがとれて、たくさん話ができるんです。これはわが子の子育てや教育にプラスになるチャンス！

中学校教諭
5歳男子のママ

caseその4

先生の子どもだからこそ「自分でやってみよう！」と自立を始めています

先生の子だからと、チャレンジしはじめた息子に感激

中学校の教師になって4年目。産後に夫と夫の両親と一緒に暮らしています。子どもは来年小学校にあがりますが、年中までおばあちゃんやおじいちゃんに甘えまくり。洋服を着せてもらったり、テーブルにつけば上膳据膳で何でもやってもらっていました。

ところがこの春から「毎日1こチャレンジ！」と言って、着替えや食事のお手伝い、ペットのお世話など、自分でやり始めました。「急にどうしたの？」と聞くと「だってママは先生でしょ。先生の言うことは聞かないといけないんだよ。先生はものしり博士～、たくさん教えてね」と言うのです。

小学校にあがったら、まわりのお友だちからも先生の子、という目で見られることも増えるはず。先生の子でプレッシャーを感じてしまうんじゃないかと心配でたまりませんが、わが子の素直な成長を心からよろこび、息子にたくさんのことを教えられるママ先生として、わたしももっとがんばらなくちゃと思いました。子どもに元気をもらうって、こういうことなんですね。

小さな変化を見逃さずに 母として認めて、ほめること。 それがわが子の生きる力の基礎となります

自分から自立しようと思ったなんて、とってもえらいお子さんですね。親としても先生の視点としても、すごくよろこばしいことです。

もちろん、「よくできたね」「上手」「ほんとにすごい子、大好き!」とほめ言葉をかけていると思います。**ほめられたお子さんは心に余裕ができて、毎日を楽しく過ごせるハッピーパワーを生みます。**

でも、お子さんの成長はこれで終わりではありません。心がゆたかな状態のうちに、次のステップへ進みましょう。

上手くいくヒント㊺

長所や得意なことを認めて一緒によろこび自己肯定感をもっと高めよう

それは、**自己肯定感を高めるステップ**です。

自己肯定感をより高めるために、お子さんの**長所や得意なことを認めてよろこびましょう。**「長所や得意なことがまだわからない」という方、安心してください。ちょっと違う変化を見つけて、認めればいいんです。**時間がなくて忙しいママ先生でも、これなら絶対にできますよね。**

「このネコの絵、毛先も描いたんだ。年長さんとは思えないね〜」とか、「たまご焼きおいしいよ！　たまごの混ぜ方さすがだね」など、子どもがしたことを認めてよろこぶことで、お子さんは得意分野に磨きをかけようとします。

そして面白いことに、子どもって得意なことが伸びていくと、不得意なこともがんばろうとするんですよ。たとえ失敗しても、すぐに立ち直って、上手くいく方法までも考えるようになっていきます。子どものたくましさって、失敗を克服した時に感じるものです。

メリットもいっぱい！ ママ先生ならではのマジック

妊娠したら、パートナーや家族などとの協力体制をしっかり整えましょう。とくに両親は頼もしい味方です。両親との関係を円滑にするために、相手の立場に立って相談するようにしましょう。ママ先生なら、担任の先生とも味方になりやすいです。先生から子育てのアドバイスをもらえるようになればこっちのもの。ためになるヒントをたくさんもらっちゃいましょう。子どもはママ先生の背中を見て学んでいます。子どもの気持ちを大事にしてチャレンジを認め応援すれば、子どもは驚くほど成長していきます。

1 家族の子育てサポートは
妊娠中から話し合い
お互いに心の準備期間を持つ

2 ママと先生の視点を大切にして
ママ友やわが子の担任の先生と
良い関係を築くことができる

3 わが子の自立を認めて応援しよう
するとママ先生もがんばれる

東 ちひろ

（ひがし ちひろ）

幼稚園講師、小学校教諭、中学校相談員、教育委員会勤務を経て、現在は一般社団法人子育て心理学協会代表理事。上級教育カウンセラー、日本カウンセリング学会認定カウンセラー。

教育に携わって30年。今まで相談・講座・講演を受けた子ども・保護者・学校の先生の数はのべ2万件以上の実績がある。

心理学とコーチングを使った独自のアプローチ方法で相談を受けた93%の子どもの状況が改善し、不登校児童生徒の75%が完全に学校復帰している。子育て心理学講座、子育て心理学カウンセラー養成講座で手がかかる子どもをもつお母さんをサポートしている。

子どものタイプに合わせた即効性があるアドバイスは、お母さんから「たった1回にアドバイスで、言うことを聞かない子どもが"やる気"になった」「怒ってばかりだった自分が信じられないほど"穏やか"になった」と好評を得ている。

著書10冊（一部中国での子育て本としても発売されている）一男一女の母。

■主な著書：「男の子のやる気を伸ばす ママの子育てコーチング術」「子育てが上手くいく！ ママのココロ貯金のすすめ」（メイツ出版）「子どもが甘えていい時・悪い時」「9割は『叱ること』ではありません」（PHP）他多数

※参考文献：『強い子伸びる子の育て方』山崎房一 著（PHP研究所）『「笑顔」と「ありがとう」の子育て』野坂礼子 著（PHP研究所）

子育て心理学協会HP
https://www.kosodate-up.com/

東ちひろブログ
https://ameblo.jp/kyouikucoaching/

イラスト：きどふみか
デザイン：中村志保
DTP：トラストビジネス
編集制作：Niko Works

母親としての悩みを解決！
「ママ先生の子育て」がうまくいく45のヒント

2019年　6月30日　第1版・第1刷発行

著者　東 ちひろ（ひがし ちひろ）
発行者　メイツ出版株式会社
代表者　三渡　治
〒102-0093
東京都千代田区平河町一丁目1-8
TEL：03-5276-3050（編集・営業）
03-5276-3052（注文専用）
FAX：03-5276-3105
印刷　三松堂株式会社

ご意見・ご感想はホームページから承っております。
メイツ出版ホームページアドレス http://www.mates-publishing.co.jp/

編集長：折居かおる　副編集長：堀明研斗　企画担当：折居かおる